dreaming about you
and me
SELENA
Si vienen a bailar,
pues vamos a
Como la flor
in love

Canta conmigo

La historia de Selena Quintanilla

por **Diana López**

traducción por **Carmen Tafolla**

ilustrado por **Teresa Martínez**

 Dial Books for Young Readers

Selena enrolló una tortilla y la acercó a su boca . . .
solo para usarla como micrófono.

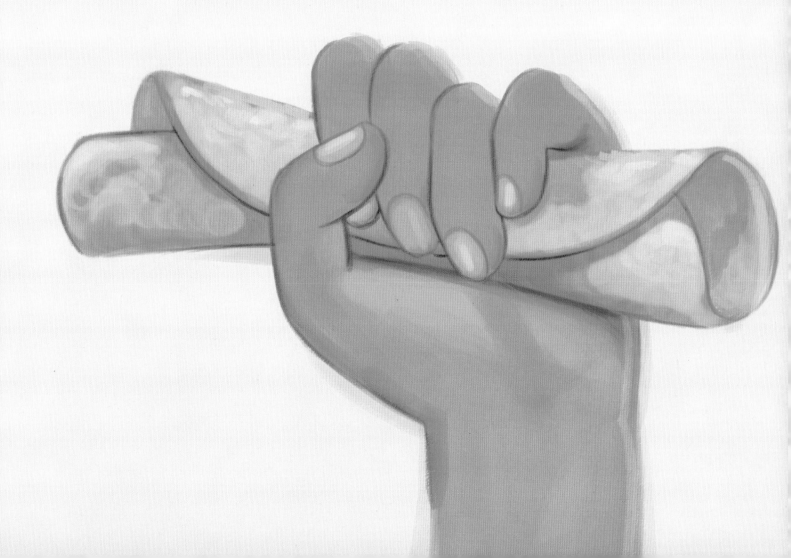

Todo lo convertía en micrófono: cucharas, crayones, cepillos de dientes. Pero en lugar de regañarla, sus padres tarareaban junto con ella mientras sus hermanos llevaban el ritmo con los pies.

Los Quintanilla siempre estaban juntos y unidos por la música. Un día su papá anunció: «¡Deberíamos hacer una banda!». Selena saltó de arriba abajo. ¡Qué gran idea!

Selena y su familia empezaron a ensayar sus canciones favoritas
de estilos pop, *rock*, y *country* en su casa en Lake Jackson, Texas.
Selena cantaba mientras su hermano, A.B., punteaba el bajo y su
hermana, Suzette, tocaba la batería.

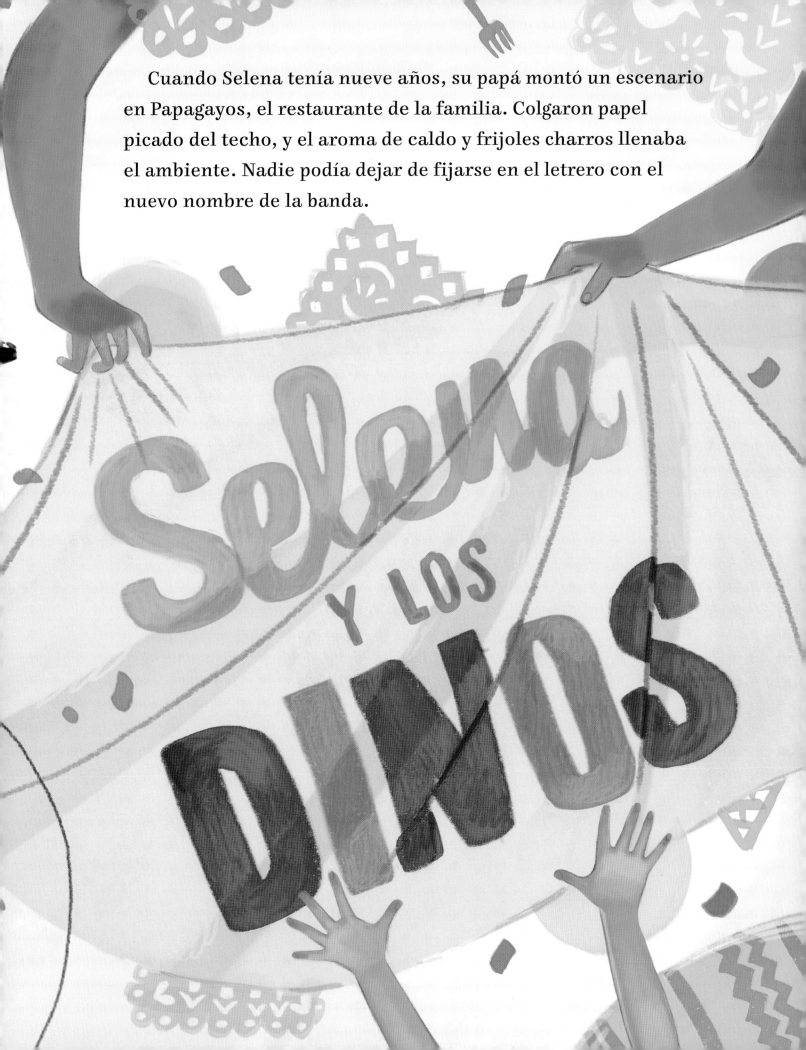

Cuando Selena tenía nueve años, su papá montó un escenario en Papagayos, el restaurante de la familia. Colgaron papel picado del techo, y el aroma de caldo y frijoles charros llenaba el ambiente. Nadie podía dejar de fijarse en el letrero con el nuevo nombre de la banda.

Selena
Y LOS
DINOS

Al inicio Selena se puso nerviosa ante la idea de cantar para desconocidos. Pero tan pronto pisó el escenario, se dio cuenta que la música rápidamente convertía a los desconocidos en amigos. Cuando cantaba *Feliz cumpleaños* a los comensales, celebrando sus cumpleaños, les decía: «¡Canten conmigo!». Los meseros, cocineros, y clientes unían sus voces a la canción.

No importaba si el restaurante estaba casi vacío o
tan lleno que la gente tenía que esperar para sentarse;
Selena siempre cantaba con todas sus ganas.

Luego llegó la recesión económica al inicio de los ochenta, y nadie tenía dinero para salir a comer en Papagayos. Pronto los Quintanilla perdieron su restaurante y su casa. Selena tenía diez años cuando manejaron tres horas en dirección al sur, hacia Corpus Christi, donde se quedarían con sus parientes hasta que pudieran recuperarse.

¿Cómo sería esta nueva ciudad? se preguntaba Selena. Abrió la ventana, probando la brisa salada que llegaba desde el golfo de México. Al cruzar el Puente Harbor, Selena comenzó a cantar. A.B. y Suzette no tenían sus instrumentos, pero aplaudían al ritmo. Entonces su mamá dejó escapar el grito más memorable y su papá exclamó: «¡Órale!».

Usaron sus últimos dólares para comprar un camión—al cual nombraron Big Bertha—y manejaron para presentarse a tocar en Houston, Laredo, McAllen, Falfurrias, Del Río, y Freer.

Cantaron en bodas, en quinceañeras, y en rodeos, aunque a veces nomás les pagaban cien dólares. Fueron tiempos difíciles, pero al menos permanecían juntos. En la gira a través de Texas, el público hacía peticiones de canciones. A Selena le encantaba complacerlos con sus favoritas, pero cuando pedían canciones tejanas, ella tenía que disculparse porque no hablaba español.

«¿Por qué no me enseñaron?» Selena se quejó con sus padres. Se quedaron callados por un momento. Luego su papá le confesó: «Cuando íbamos a la escuela, nos castigaban si hablábamos en español. Por eso, decidimos nomás hablarte en inglés. Creíamos que ése era el idioma de la escuela, el idioma del éxito». Selena entendió entonces que sus padres habían estado tratando de protegerla.

Pero ella realmente quería tener esa conexión con su público. **Voy a aprender español,** decidió Selena, **para que más gente pueda cantar conmigo.**

Al principio, Selena se aprendió la letra de las canciones, sonido por sonido. «Enrolla tus erres y acuérdate que la *H* es silenciosa» se repetía a sí misma.

Después de que Selena aprendió algunas canciones en español,
su familia se apuntó para participar en un festival de música tejana.
A Selena le encantaban las corbatas de cordón de los otros músicos,
sus sombreros rancheros y botas de vaquero. Estaba emocionada
de ser parte de ese grupo. Pero aunque ella decía *Hola* con una *H*
silenciosa, solo la rechazaban. «No hay lugar para
mujeres en el mundo de la música tejana» decían.

Por un momentito, Selena quiso darse por vencida. Pero oyó la música y el ritmo de los pies de las parejas bailando, y pensó: **Debo depender de mí misma para hacerme un lugar.** El escenario central era para las bandas conocidas, así que le tocó presentarse en un escenario pequeño al lado. Selena puso toda su alma y corazón en cada canción tejana que cantó, aunque no entendía todas las palabras que decía en español. Cuando terminó, dijo «Muchas gracias» y el público la ovacionó.

A la edad de doce años, Selena grabó su primera canción: *Se acabó aquel amor*.

Sola en un cuarto, le hacía falta la compañía de su banda y del público. ¿Cómo podría cantar sin la gente que siempre había bailado y coreado con ella?

Cerró sus ojos, dejándose llevar por la música. Se repitió las pronunciaciones y se enfocó en el significado de las canciones, pero ¡cantar en un estudio era muy diferente a hacerlo frente al público en vivo!

Después se acordó de todas las madres, padres, hermanos, hermanas, y abuelos que asistían a sus conciertos. Selena no estaba cantando para los productores detrás de la ventana. Estaba cantando para las familias y los amigos. Se repetía silenciosamente «Canten conmigo», imaginándose el día en que todos escucharían su grabación y cantarían junto con ella.

Selena pronto grabó más canciones, muchas escritas por A.B., quien mezclaba música *rock*, *country,* y pop para lograr su sonido tejano único. Suzette seguía tocando la batería, y entre presentaciones, ella y Selena estudiaban revistas de moda, diseñando ropa y experimentando con nuevos peinados. Selena no compraba los trajes que usaba en sus presentaciones; los cosía con la ayuda de su mamá y su hermana.

Mientras tanto, Big Bertha los llevaba a escenarios por todo los Estados Unidos y México. El público de veinte se convirtió en una multitud. En el camino, Selena siguió estudiando español, descifrando cada palabra como un código secreto. La mayoría del tiempo seguía pensando en inglés, pero a veces las palabras salían primero en español.

En 1986, cuando Selena solo tenía 15 años,
ganó un Premio de la Música Tejana.

Ganó el premio nuevamente en 1987, y el año siguiente, y el siguiente. Cada vez que aceptaba un trofeo, recordaba a toda la gente que había conocido a través de su música, y a su familia, los Quintanilla, que siempre estaban a su lado.

Continuó grabando, haciendo presentaciones, y cosiendo. Abrió boutiques de moda para vender su ropa. Se enamoró y se casó.

El 26 de febrero de 1995, en el Astrodomo en Houston, Selena dio una vuelta por toda la arena en un carruaje tirado por caballos. Vestía un traje pantalón de color morado que ella misma había diseñado. Mientras saludaba a la multitud, pensó en las actuaciones frente a su familia en el comedor de su casa, en el restaurante Papagayos, en los salones de baile, y en los rodeos—cuán diferentes del Astrodomo y, aún así, muy parecidos.

Sus fanáticos la ovacionaron cuando subió al escenario. ¡Más de 60,000 personas habían comprado boletos para el espectáculo!

—¡Bidi bidi bom bom!—cantó Selena, y después apuntó el micrófono hacia el público.

—¡Bidi bidi bom bom!—corearon miles de familias y amigos, los latidos de sus corazones y sus voces unidos por la canción.

Han pasado muchos años desde ese concierto, pero sus fanáticos aún siguen cantando. Cada vez que oyen su voz, también la escuchan decir con alegría: «¡Canten conmigo!»

Nota de la autora-

Igual que yo, Selena vivió en Corpus Christi, Texas, así que mi primer paso al escribir este libro fue dar una vuelta por su barrio y eventualmente llegar al Museo de Selena, que conserva una colección de sus atuendos, sus premios, e incluso su colección de huevos de Fabergé. También leí y vi entrevistas de su familia y amigos de fuentes como Biography Channel y el ejemplar de abril de 2010 de *Texas Monthly*. Los ejemplares conmemorativos de *People* y *Newsweek* proporcionaron muchas imágenes y mucha información sobre su carrera. Pero sobre todo, vi los videos de Selena en acción.

Tomé algunas libertades al imaginar a Selena usando una tortilla como micrófono o estudiando hasta altas horas de la noche. Es imposible saber exactamente qué estaba pensando ella o escuchar conversaciones pasadas con su familia, pero en escenas como cuando ve por primera vez Corpus Christi o cuando pregunta a sus padres sobre el porqué no le enseñaron español, hice mi mejor esfuerzo para imaginar lo que ella pensaba y lo que dijo, usando la información de entrevistas y de mis propias experiencias similares.

Selena Quintanilla nació el 16 de abril de 1971. La música estaba en su sangre debido a que su padre, Abraham, siempre había soñado con ser un músico reconocido. Cuando era joven, se unió a un grupo llamado Los Dinos, pero batallaron para encontrar su lugar. El público mexicano los rechazó porque cantaban en inglés, y el público anglosajón los rechazó porque eran demasiado morenos. Pero Abraham nunca dejó de amar la música, y le heredó ese amor a su familia.

Con la guía de su padre y con su hermana y hermano a su lado, Selena comenzó a presentarse cuando tenía nueve años. Ella ganaría un total de treinta y seis Premios de la Música Tejana. Acababa de comenzar a grabar canciones pop en inglés,

incluido el éxito de Billboard *Dreaming of You*, cuando ella fue asesinada el 31 de marzo de 1995, un mes después de su famoso concierto en el Astrodomo. Solo tenía veintitrés años.

Miles asistieron a las vigilias con velas en su honor. El gobernador de Texas, George W. Bush, designó oficialmente el 16 de abril como el Día de Selena. La revista *People* publicó un ejemplar conmemorativo que se agotó en una semana. Gregory Nava escribió y dirigió una exitosa película sobre la vida de ella, y el centro de convenciones de Corpus Christi nombró a su teatro el Auditorio Selena.

Con los años, he conocido a muchos jóvenes que han sido inspirados por su ejemplo. Hablamos de su talento, sus esfuerzos, pero sobre todo de su amabilidad y humildad. Selena nunca olvidó sus raíces. Comía en restaurantes locales y vivía en un barrio modesto. Hizo su propia ropa. Y continuamente nos recuerda que todos tenemos potencial, sin importar cuán humildes sean nuestros inicios.

Escribimos mensajes: «El mundo echa de menos tu hermosa sonrisa, tu alegría, y especialmente tu talento», «Eres una inspiración para ser siempre uno mismo», «Tú nos mostraste que podemos romper barreras y hacer lo que sea que soñemos».

Dejamos estas notas al lado de rosas blancas. Tarareamos nuestras canciones favoritas. Celebramos su vida.

Álbumes de estudio-

Selena (EMI Latin, 1989)

Ven conmigo (EMI Latin, 1990)

Entre a mi mundo (EMI Latin, 1992)

Amor prohibido (EMI Latin, 1994)

Dreaming of You (EMI Latin and EMI Records, 1995)

A Tricia Sebastian
—D.L.

A Susy y cada uno de los fanáticos que
cantarán con Selena para siempre
—T.M.

Dial Books for Young Readers
An imprint of Penguin Random House LLC, New York

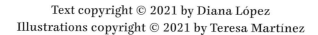

First published in the United States of America by Dial Books for Young Readers,
an imprint of Penguin Random House LLC, 2021

Text copyright © 2021 by Diana López
Illustrations copyright © 2021 by Teresa Martínez

Visit us online at penguinrandomhouse.com.

Library of Congress Cataloging-in-Publication Data is available.

Manufactured in China
ISBN 9780593323304

3 5 7 9 10 8 6 4

Design by Mina Chung • Text set in Cosmiqua Com

El
importa en ti
y en mi, ni en
el corazón
Bidi
Bidi
Si una vez dije que te amaba
En la esquina yo esperando
Como siempre su novia
se están